BEI GRIN MACHT SICH IHR WISSEN BEZAHLT

- Wir veröffentlichen Ihre Hausarbeit,
  Bachelor- und Masterarbeit

- Ihr eigenes eBook und Buch -
  weltweit in allen wichtigen Shops

- Verdienen Sie an jedem Verkauf

Jetzt bei www.GRIN.com hochladen und kostenlos publizieren

Bibliografische Information der Deutschen Nationalbibliothek:

Die Deutsche Bibliothek verzeichnet diese Publikation in der Deutschen National-
bibliografie; detaillierte bibliografische Daten sind im Internet über http://dnb.d-
nb.de/ abrufbar.

Impressum:

Copyright © 2019 GRIN Verlag
Druck und Bindung: Books on Demand GmbH, Norderstedt Germany
ISBN: 9783668965393

Dieses Buch bei GRIN:

https://www.grin.com/document/484041

Anonym

Zugänge zur Erwachsenenbildung. Konzepte der Erwachsenenbildung, Lerntypen oder besondere gesellschaftliche Zukunftsherausforderungen für die Erwachsenenbildung/Weiterbildung im lebenslangen Lernen

GRIN Verlag

GRIN - Your knowledge has value

Der GRIN Verlag publiziert seit 1998 wissenschaftliche Arbeiten von Studenten, Hochschullehrern und anderen Akademikern als eBook und gedrucktes Buch. Die Verlagswebsite www.grin.com ist die ideale Plattform zur Veröffentlichung von Hausarbeiten, Abschlussarbeiten, wissenschaftlichen Aufsätzen, Dissertationen und Fachbüchern.

Besuchen Sie uns im Internet:

http://www.grin.com/

http://www.facebook.com/grincom

http://www.twitter.com/grin_com

Einsendearbeiten im Fernstudiengang „Erwachsenenbildung" Technische Universität Kaiserslautern

Einsendearbeiten zu Modul Nr.: 0100
„Zugänge zur Erwachsenenbildung"

Studienbriefe

Arnold, R. (2014): Bausteine der Erwachsenendidaktik. Studienbrief EB 0120. Technische Universität Kaiserslautern, Distance & Independent Studies Center, Kaiserslautern

Arnold, R. (2015): Portraits und Konzeptionen zur Erwachsenenbildung. Studienbrief EB 0110. Technische Universität Kaiserslautern, Distance & Independent Studies Center, Kaiserslautern

Gieseke, W. (2013): Entwicklung der Erwachsenenbildungswissenschaft. Studienbrief EBO 130. Erwachsenenbildung. Technische Universität Kaiserslautern. Distance and Independent Studies Center

Da in der deutschen Sprache durch den generischen Maskulin beide Geschlechter gleichermaßen mit einbezogen werden, wird in dieser Arbeit – bis auf seltene Ausnahmen – die männliche Form verwendet. Selbstverständlich sind immer beide Geschlechter gemeint.

1. Einsendeaufgabe 1

Illustrieren Sie die vier BUEVP-Lerntypen an Beispielen aus der Erwachsenenbildung und erörtern Sie, welche Lerntypen im Blick auf die Kompetenzanforderungen der Wissensgesellschaft an Bedeutung gewinnen dürften.

1.1. Lerntypen & BUVEP Studie

„Lerntypen sind selbstgeschaffene Beschreibungsumwelten, mit denen Personen sich im Zuge ihrer eigenen Lernbiografie umgeben. Sie entwickeln einen für sie typischen Blick auf Lernanforderungen, -prozesse und -zielsetzungen. Lerntypen sind zugleich klassifizierende Selbsteinstufungen und -deutungen, die das Lernen einer persönlichen Lernwirklichkeit einpassen"[1]

Diese Definition konstatierte Klaus Harney in dem Editorial zur Neuauflage Josef Schraders Arbeit zu dem Thema Lerntypen bei Erwachsenen. Lerntypen können somit als die für eine Menschengruppe typischen Verhaltensweisen in Lernsituationen bezeichnet werden.[2] Die vier BUVEP-Lerntypen kristallisierten sich aus den sogenannten BUVEP-Studien von Ekkehard Nuissl zur Beziehung zwischen der Lebenssituation der Teilnehmenden und dem Angebot der Dozenten. Bei diesem Projekt handelte es sich um eine qualitative Untersuchung von Lernprozessen in Bildungsurlaubskursen, die auf Wissensvermittlung, Handlungsorientierung, Analyse der Erfahrungen der Teilnehmenden und Vermittlung von Werten abzielten.[3] Dabei wurde explizit die Wechselwirkung bzw. die Aufeinanderabstimmung von Lebenssituationen der Teilnehmenden mit Lernprozessen in der Kursinteraktion unter die Lupe genommen.[4] Insgesamt kann festgestellt werden, dass

„(...) ([d]ie BUVEP-Studie (...) sich auf die Konstitution des Lehr-Lernverhältnisses, d.h. auf die Aushandlung von Bedeutungshorizonten und Deutungsmustern durch die Beteiligten."[5] konzentrierte.

[1] Schrader, J. (2008): Lerntypen bei Erwachsenen. Empirische Analysen zum Lernen und Lehren in der beruflichen Weiterbildung. 2., ergänzte Auflage. Klinkhardt, Bad Heilbrunn Seite I
[2] Vgl. ebenda Seite 59
[3] Schäffer, B., Dörner, O. (Hrsg.)(2012): Handbuch Qualitative Erwachsenen- und Weiterbildungsforschung. Verlag Barbara Budrich. Opladen, Berlin, Toronto Seite 518
[4] Vgl. Nuissl, E. (Hrsg.) 50 Jahre für die Erwachsenenbildung. Das DIE – Werden und Wirken eines wissenschaftlichen Service-Instituts. Bertelsmann, Bielefeld
[5] Schäffer et.al. (2012) Seite 518

1.2. Illustration der vier BUVEP-Lerntypen anhand von Beispielen aus der Erwachsenenbildung

1.2.1. BUVEP-Lerntyp 1: Bei diesem Lerntypus geht es um das „Lernen durch Erweiterung des Wissens vom gesellschaftlichen und sozialen Umfeld"[6] her. Beispielhaft können hier Sozialrechtkurse für Case Manager genannt werden. Hier handelt es sich um Aufklärung durch Information, also eine reine Wissensvermittlung. Hier gibt es „(...) Hintergrundwissen über das Sozialrecht und Soziale Gerichtsbarkeit für die praxis-relevanten Bereiche in der Beratung und Unterstützung von kranken und behinderten Kindern und Jugendlichen, Erwachsenen und deren Familienmit dem Ziel, dem Teilnehmenden Informationen zugänglich zu machen". Diese Seminare weisen eine sachliche Struktur auf, die gliederungsformend aufgebaut ist. Der Wissensnutzungsaspekt wird nicht behandelt. Der Ablauf ist lehrerzentriert.[7]

1.2.2. BUVEP-Lerntyp 2: Bei diesem Lerntyp wird das Lernen durch den Erwerb von Wissen über Handlungsmöglichkeiten charakterisiert. Hier seien beispielsweise Elternseminare zu dem Thema „Geschwister von kranken und/oder behinderten Kindern" genannt. Diese haben die Zielsetzung unmittelbar interessenbezogenes, auf Handlungssituationen basierendes Wissen über die optimale Familienkommunikation zu vermitteln. An diesen Abenden geht es explizit um die Vermittlung von Handlungsfähigkeit durch Strukturwissen und Wissen über Verhaltensmöglichkeiten.[8]

1.2.3. BUVEP-Lerntyp 3: Hier handelt es sich um das Lernen durch interessentenorientierte Analyse sozialer Erfahrungen.[9] Hierfür können musterhaft Seminare zu dem Thema interkulturelle Kompetenz unter Anwendung der sogenannten „critical incidents"[10] genannt werden. Im Fokus stehen die individuellen Erfahrungen der Teilnehmer, anhand derer exemplarische Analyseverfahren und Analysekategorien für eben (diese) soziale Situationen aufgeführt werden. Es findet eine Analyse der objektivierbaren Elemente einer Erfahrungs-schilderung mit sozialen und politischen Kategorien statt.

1.2.4. BUVEP-Lerntyp 4: Hier wird das Lernen durch den Erwerb von neuen oder veränderten Wertmaßstäben beschrieben. Als Beispiel können hier kulturübergreifende Seminare zum Erwerb von interkultureller Kompetenz dienen, die auf der Vermittlung von kulturellen Normen und Werten basieren, im Sinne von Mitarbeitertrainings vor der

---

[6] Vgl. Arnold, R. (2015): Portraits und Konzeptionen zur Erwachsenenbildung. Studienbrief. Technische Universität Kaiserslautern, Distance& Independent Studies Center, Kaiserslautern Abb. 2 Seite 20 f.
[7] Vgl. Arnold, R. (2015), Abb. 2 Seite 20 f.
[8] Vgl. Vgl. Arnold, R. (2015), Abb. 2 Seite 20 f.
[9] Vgl. ebenda
[10] Vgl. beispielhaftes Projekt der Europa Universität Viadrina

Entsendung in andere Länder und Kulturen[11], oder Wertevermittlungskurse für Menschen mit Fluchthintergrund. Den Teilnehmenden werden Wertmaßstäbe und Orientierungskriterien der jeweiligen Bezugsländer vermittelt.[12]

1.3. Welche Lerntypen dürften im Blick auf die Kompetenzanforderungen der Wissensgesellschaft an Bedeutung gewinnen?

Die Kompetenzanforderungen der Wissensgesellschaft stützen sich auf die verschiedenen Bereiche von Bildung, da mit dem Begriff der Wissensgesellschaft eine Gesellschaftsformation einhergeht, in der das individuelle und kollektive Wissen und Lernen sowie deren Organisation eine zentrale Rolle für das Zusammenleben spielt.[13] Insbesondere die Fähigkeit zum lebenslangen Lernen ist hierfür ausschlaggebend und somit auch die Lernkompetenz. Überdies benötigen Menschen die Wertorientierung, Lernmotivation sowie ein Grund- bzw. Vorwissen.[14] Eine Wissensgesellschaft soll also über eine Bildung verfügen, die außer dem Fachwissen und der Persönlichkeitsentwicklung eine fachübergreifende Lernkompetenz vermitteln soll, „die lebenslanges Lernen ermöglicht"[15]. Die optimale Lernkompetenz für eine Wissensgesellschaft setzt sich hauptsächlich aus drei Teilkompetenzen zusammen: der Selbststeuerungs-, der Kooperations- sowie der Medienkompetenz.[16]

Dadurch, dass in der Wissensgesellschaft die Notwendigkeit des kontinuierlichen Lernens zutrifft, und somit die drei Teilkompetenzen unentbehrlich macht, kann vermutet werden, dass der BUVEP-Lerntyp 2, der Wissen hauptsächlich über Handlungsmöglichkeiten erwirbt, an Bedeutung gewinnen könnte. Denn die für diesen Lerntypus charakteristische Aneignung des unmittelbar interessenbezogenen, auf Handlungssituationen beziehbaren Wissens,[17] sowie die „zielorientierte und kontrollierte Verständigungsstruktur"[18] können hilfreich sein , die Informationsflut zu managen, das „überholte" Wissen auszusortieren und das frische anzunehmen. Die „fehlende Umsetzungsdiskussion"[19] könnte unter Umständen durch das selbstgesteuerte Lernen gefördert werden.

Die BUVEP-Studienergebnisse haben eindeutig der erwachsenenpädagogischen Lerntheorie einen großen Dienst erwiesen, indem sie ein Paradigmenwechsel bezüglich der Teilnehmer-orientierung und des „Lebensweltbezuges" eingeläutet haben.[20] Die vier BUVEP-Lerntypen

---

[11] Vgl. beispielhaft Accenta Asia Seminare
[12] Vgl. Vgl. Arnold, R. (2015), Abb. 2 Seite 20 f.
[13] Mandl, H., Krause, U.-M. (2001). Lernkompetenz für die Wissensgesellschaft (Forschungsbericht Nr. 145). München: Ludwig-Maximilians-Universität, Lehrstuhl für Empirische Pädagogik und Pädagogische Psychologie. Seite 24
[14] Ebenda Seite 10
[15] Vgl. ebenda Seite 4
[16] Vgl. ebenda
[17] Vgl. Arnold, R. (2015), Abb. 2 Seite 20 f.
[18] Vgl. Arnold, R. (2015), Abb. 2 Seite 20 f.
[19] Ebenda
[20] Vgl. Arnold, R. (2015), Abb. 2 Seite 20 f.

beschreiben zwar wegweisend bestimmte Lernstrategieorientierungen von Menschen-gruppen, diese gelten jedoch nur für bestimmte Situationen und erlauben m.E. erst durch weitere Studien und Erkenntnisse (z.b. neurowissenschaftliche, lernpsychologische), eine Prognose, welche Lerntypen im Blick auf die Kompetenzanforderungen der Wissens-gesellschaft an Bedeutung gewinnen dürften. In diesem Sinne erfordern auch diverse Neu-entwicklungen, wie z. B. die sogenannte Künstliche Intelligenz (KI)[21] andere Notwendigkeiten und somit die Schaffung neuer bzw. ausdifferenzierter Lerntypen.

---

[21] „Künstliche Intelligenz (KI) bezeichnet softwarebasierte Technik, die – dem Menschen ähnlich – lernfähig ist und das Erlernte auf neue Situationen übertragen kann." Pfeiffer, M. (2018): Was ist die Künstliche Intelligenz?

2. Einsendeaufgabe 2

Rekonstruieren Sie die kritischen Thesen von Holzapfel einerseits und Pongratz andererseits. Welches Menschen- und Gesellschaftsbild liegt beiden Konzepten der Erwachsenenbildung zugrunde? Nehmen Sie zu dem Vorwurf der Erwartungsgemäßheit des Arguments Stellung.

2.1. Die kritischen Thesen von Günther Holzapfel und Ludwig Pongratz

Günther Holzapfel vertritt einen emotionspädagogischen Theorieansatz, Ludwig Pongratz „(…) ist Vertreter der sogenannten Kritischen Theorie der Erwachsenenpädagogik."[22] Zunächst wird festgehalten, dass beide Forscher dem Konzept des Lebenslangen Lernens (LLL) kritisch gegenüber stehen. Holzapfel merkt an, dass der Begriff „(…) auch eine Zumutung impliziert (…)"[23] und vermisst bei dem Konzept den Aspekt der Persönlichkeitsentwicklung. Pongratz spricht in diesem Zusammenhang davon, dass „(…) das Regime des lebenslangen Lernens, das mit neuartigen, gouvernementalen Strategien die Menschen unter Kontrolle zu nehmen versucht. (…)"[24] an. Er malt „(…) das Bild eines effizienten, pragmatischen, Punkte sammelnden Dauerlerners (…)"[25], der einer „verwertungsorientierte[n] lebenslange[n] Qualifizierung"[26] nacheifert.

Beide Autoren kritisieren die Idee der Bildung als Wissensanhäufung und auch die Ökonomisierung der Erwachsenenbildung (EB). Holzapfel befürchtet, dass durch die ökonomisierte Bildung nur das stattfindet, „(…) was einen raschen Nutzen für den Einzelnen, den Betrieb oder die Gesellschaft zu erbringen verspricht"[27]. Er stellt sich zudem gegen die Fokussierung der EB auf die Standardisierung der Bildungsziele, Evaluierung und Qualitätssicherung. Auch Pongratz postuliert: „Bildung ist ein Menschenrecht – und solche Rechte kann man nicht verkaufen."[28]. Auf folgende Forschungsfragen gilt es einzugehen: „(…) Wie können die Eigenkräfte des Menschen gefördert und entwickelt werden? Wie können wir den Mut finden, die Strategien zu durchkreuzen, zu unterlaufen oder umzuwenden, mit der die Kontrollgesellschaft sich unserer bemächtigt?"[29]. In Bezug auf Forschung postuliert Holzapfel Pluralismus. Er ermahnt, dass es außer Empirie, weitere „(…)qualitative – Paradigmen(…)"[30]

---

[22]Arnold, R. (2015), Seite 59
[23]Ebenda Seite 56
[24]Ebenda Seite 61
[25]Ebenda Seite 60
[26]Pongratz, G. (1997):Krise der Aufklärung? Pädagogik zwischen Kritik und neuem Konservativismus. In: Komitee für Grundrechte und Demokratie (Hrsg.): Menschenrechte und Demokratie: Weltweites 'Projekt' oder antiquiert? – Eine Ortsbestimmung, Köln 1997, S. 173-175. In Pongratz, L.: Sammlung TU Darmstadt, tuprints, E-Publishing-Service der TU Darmstadt, Seite 211
[27]Arnold, R. (2015), Seite 57
[28]Ebenda Seite 62
[29]Ebenda Seite 63
[30]Arnold, R. (2015), Seite 57

zu erforschen und „(...) eine drohende Vernaturwissenschaftlichung der Lernforschung (...)"[31] zu vermeiden gilt.

2.2. Welches Menschen- und Gesellschaftsbild liegt beiden Konzepten der Erwachsenenbildung zugrunde?

Nach Auffassung von Rolf Arnold möchte „(...)Pongratz [...] an den kritischen Intentionen der Aufklärung festhalten (...)"[32] und Holzapfel erweitert das aufklärerische „sapere aude" Immanuel Kants um „das Verstehen des eigenen Denkens und dessen Voraussetzungen"[33]. Somit liegt beiden Autoren ein Menschen[34]- und Gesellschaftsbild[35] zugrunde, das an das Gedankengut der Aufklärung anknüpft.

Mit dem Begriff Aufklärung wird ein historisch gesellschaftliches Zeitalter verstanden, das auf die Idee der Vernunft aufbaut (rationalistischer Aufklärungsauftrag).[36]Das Zeitalter der Aufklärung ist um ca. 1700 bis 1800[37] zu verorten und dehnte sich auf alle Bereiche der Gesellschaft, wie Politik, Philosophie, Kunst etc. aus. Einer der wichtigsten Vertreter der Aufklärung, Immanuel Kant(1724-1804), beantwortete 1784 die Frage „Was ist Aufklärung" folgendermaßen: „Aufklärung ist der Ausgang des Menschen aus seiner selbstverschuldeten Unmündigkeit. (...) Sapere aude! Habe Mut, dich deines eigenen Verstandes zu bedienen! ist also der Wahlspruch der Aufklärung"[38]. Kant betont auch, dass der „Ausgang aus der selbst-verschuldeten Unmündigkeit"[39] zur Befreiung führt (emanzipatorischer Aufklärungsauftrag).[40] Nicht nur die Unvernunft, sondern auch die Ungleichheit, Korruption, Intoleranz, Dogmen, Vorurteile, Aberglauben sowie das absolutistische Herrschaftssystem und die katholische Kirche standen unter Kritik („Zeitalter der Kritik")[41].

Das Menschen- und Gesellschaftsbild dieser Epoche war insgesamt geprägt vom analytischen und kausalen Denken[42], dem Glauben an den Fortschritt und wird als der Beginn des modernen Bildungsverständnisses („Zeitalter der Edukation") gesehen.

---

[31]Arnold, R. (2015), Seite 57
[32] Ebenda Seite 59
[33] Vgl. ebenda, Seite 164
[34] Menschenbild – also „(...) grundlegende Annahmen über das Wesen des Menschen, seine Stellung in der Welt und seine Bildsamkeit (...)" betreffend, vgl. Erpenbeck, J., Weinberg, J. (1993): Menschenbild und Menschenbildung. Bildungstheoretische Konsequenzen der unterschiedlichen Menschenbilder in der ehemaligen DDR und der heutigen Bundesrepublik. Waxmann, Münster/New York Seite 22
[35]Welche Faktoren gehören zum sog. Gesellschaftsbild? Dazu gehören sog. „gesellschaftliche Universalien". Vgl. dazu Ausführliche Definition in Wirtschaftslexikon Gabler, Springer Fachmedien Wiesbaden GmbH
[36] Vgl. Schneiders, W. (2014): Das Zeitalter der Aufklärung. C.H. Beck Wissen, München, Seite 65
[37] Vgl. Geschichte im Überblick in Gudjons, H. (2003): Pädagogisches Grundwissen. Überblick-Kompendium-Studienbuch. Klinkhardt, Bad Heilbrunn, Seite 105, Abb. 8
[38] Kant, I. (1783/1968): Werke in zehn Bänden. Hrsg. Weischedel, W., Bd. IX, Darmstadt, Seite 53 In: Gudjons, H. (2003): Pädagogisches Grundwissen. Überblick-Kompendium-Studienbuch. Klinkhardt, Bad Heilbrunn Seite 80
[39] Ebenda
[40] Vgl. Schneiders (2014) Seite 60
[41] Vgl. Ebenda Seite 65
[42]Vgl. Rationalismus - Descartes berühmter philosophischer Grundsatz „cogito ergo sum – ich denke, also bin ich" – stammt aus dieser Zeit. Vgl. Pongs, H. (1956): Das kleine Lexikon der Weltliteratur. Union Druckerei, Stuttgart, Seite 116

Diese Faktoren mit der toleranten Grundhaltung und Bildung wurden als Grundpfeiler des gesellschaftlichen Wohlstands und Fortschritts angesehen. Zugleich galt die Überzeugung, dass die menschlichen Naturanlagen von Grund auf gut seien (und u.U. „blank", vgl. Lockes Konzept der „tabula rasa"[43]) und lediglich eine Erziehung (die auf keinen Fall eine „Dressur" oder „Abrichtung"[44] bedeuten solle) Mündigkeit fördern kann. Die Erbsünde war nicht mehr von Bedeutung, denn ein Mensch, der von Natur aus gut ist, sich selbst erlösen kann.[45] Als essentiell wurde zudem von Kant noch die Moralisierung der Gesellschaft als die höchste menschliche Aufgabe genannt[46]. Um das Bild der Epoche zu ergänzen sollte das Aufblühen der Erziehungswissenschaften (z.b. Rousseau, Pestalozzi), Naturwissenschaften (z.b. Newton) und der Literatur (z.b. Lessing)[47] erwähnt werden. Auch die Kunst widmete sich statt vorwiegend religiösen Werken und Machtdarstellungen – Alltagsszenen und historischen Themen.[48]

Demnach liegt den beiden Konzepten der Erwachsenenbildung ein Menschen- und Gesellschaftsbild zugrunde, das unter anderem, die Selbstbestimmung, Selbstbehauptung und Vergrößerung der Handlungsspielräume (Mündigkeit, Emanzipation, Kritik, Edukation) der Individuen als Eckpfeiler der erwachsenpädagogischer Arbeit ansieht.

2.3. Die Erwartungsgemäßheit des Arguments

Der Vorwurf der „Erwartungsgemäßheit des Arguments" kann im Zusammenhang mit der Kritik von Ludwig Pongratz zur Entwicklung einer konstruktivistischen Erwachsenenbildung (Arnold/Siebert)[49] beleuchtet werden.

Rolf Arnold konstatiert, dass Pongratz programmatisch sein Konzept der „Kritischen Theorie der Erwachsenenpädagogik"[50] verfolgt, ohne m.E. an die Anschlussfähigkeit und die Glaubwürdigkeit des wissenschaftlichen Diskurses zu denken und ohne dabei die eigene Beobachterposition zu reflektieren.[51] Zudem wurden von Arnold tatsächliche Übereinstimmungen zwischen Pongratz' kritischer Theorie mit manchen systemischen Gedanken identifiziert; diese wurden jedoch von Pongratz strikt abgelehnt.[52]

---

[43]Gudjons (2003) Seite 80
[44] Kant, I. (1803): Über Pädagogik. In: Weischedel, W. (2005): Werke in sechs Bänden. Bd. VI, Schriften zur Anthropologie, Geschichtsphilosophie, Politik und Pädagogik., WBG Darmstadt, Seite 740
[45] Rousseau, J.-J. (1762): Brief an Beaumont. In: Ritter, H. (Hrsg.) (1978): Schriften in zwei Bänden. Bd I. Carl Hanser Verlag, München/Wien, Seite 508-510
[46]Vgl. Kants Kategorischer Imperativ Kant, I. (1785): Grundlegung zur Metaphysik der Sitten. In: Weischedel, W. (2005): Werke in sechs Bänden. Bd. IV. Schriften zur Ethik und Religionsphilosophie. WBG Darmstadt, Seite 51
[47]Pongs, H. (1956): Das kleine Lexikon der Weltliteratur. Union Druckerei, Stuttgart, Seite 116
[48]Gombrich, E.H. (1995): Die Geschichte der Kunst. Phaidon Press Limited, London, Seite 485
[49] Vgl. Arnold, R. (2015), Seite 97
[50] Vgl. Arnold, R. (2015), Seite 59
[51] Vgl. Arnold, R./ Siebert, H.: Die Verschränkung der Blicke. Ein systemischkonstruktivistischer Briefwechsel. Baltmannsweiler 2006. In: Arnold, R. (2015):Studienbrief EB 0110 Seite 165
[52]Ebenda

Bei der Auseinandersetzung mit der Kontroverse ist es zunächst wichtig festzuhalten, dass wissenschaftstheoretisch[53] mehrere „(…)Differenzierungen von wissenschaftlichen Zugängen in der Ausformulierung von Wissenschaftstheorien[.]"[54], gegeben sind und „(…) [die] jeweiligen wissenschaftstheoretischen Ausrichtungen bereits Fragestellung, Themenwahl und Methoden [prägen], sind aber vor allem dahingehend relevant, dass die jeweils untersuchten Phänomene anders erklärt werden. (…)"[55] Diverse Erklärungsgangarten sind also grundlegend, legitim, und sollten deswegen nicht „zu einfach" abgelehnt werden. Zudem sind bei Forschung „(…) gedankliche Vorgehensweisen mit hoher Irrtumswahrscheinlichkeit(…)[56] üblich, deswegen ist ein Zusammenspiel von „Hypothesenphantasie, Variabilität des Denkens und Forschungstechniken"[57] Usus: Die argumentative Auseinandersetzung mit „Andersdenkenden" gilt als ein wichtiger Part des wissenschaftlichen Arbeitens. Zudem ist - außer der Erklärung der Erkenntnisinteressen - auch eine selbstreflexive Haltung, also die Offenlegung bzw. Berücksichtigung der eigenen (Vor-)Entscheidungen und Paradigmen, angebracht.

Überdies schafft nur eine weniger konfrontative, sondern verstehende und kooperative Arbeitsweise Anschlussfähigkeit und Abhilfe, sich der Bewertungsfalle zu entziehen.[58]

Wenn diese Tatsachen betrachtet werden, so kann Arnolds „Vorwurf der Erwartungsgemäßheit des Arguments" als eine Ermahnung der Verletzung des Kanons des wissenschaftlichen Arbeitens gesehen werden.

Schlussendlich bleibt zu erwähnen, dass das Einbringen erwartungsgemäßer Argumente sich nicht nur des Vorwurfs der Rechthaberei[59] und wissenschaftlicher Inkompetenz erwehren muss, sondern auch einer Kritik, lediglich rhetorischen Zwecken zu dienen. Selbst in einem nicht wissenschaftlichen Kontext (wie z.B. literarisch und/oder medial) angewandt, wird eine Aneinanderreihung erwartungsgemäßer Argumente leicht als trivial, nicht ernst zu nehmend und/oder als ein Versuch der Manipulation, empfunden werden.

---

[53] Vgl. Definition Wissenschaftstheorie in Müller, M., Halder, A. (Hrsg.) (1981): Kleines philosophisches Wörterbuch. Herder. Freiburg, Basel, Wien.: „Wissenschaftslehre, als Wissenschaftstheorie meist Lehre von der Begriffsbildung in pragmatisch-einzelwissenschaftlicher Absicht, (…), Klärung der heuristisch entworfenen Modellvorstellungen in den jeweiligen Wissenschaften als Strukturvorzeichnung der zu untersuchenden Bereiche, (…)"Seite 312
[54] Holzer, D., Gugitscher, K., Straka, Ch. (2017): Dossier "Wissenschaft und Forschung in der Erwachsenenbildung". Text CC BY 4.0 aufwww.erwachsenenbildung.at
[55] Vgl. Holzer, D., Gugitscher, K., Straka, Ch. (2017)
[56] Weinberg, J. (1999): Einführung in das Studium der Erwachsenenbildung. Das Deutsche Institut für Erwachsenenbildung e.V. (DIE) Seite 33
[57] Ebenda
[58] Mehr zur Bewertungsfalle im Kontext interkultureller Kommunikation vgl. Busche, H., Heinze, T., Hillebrandt, F., Schäfer, F. (Hrsg.)(2018): Kultur- Interdisziplinäre Zugänge, Springer VS, Wiesbaden Seite 309
[59] Vgl. Arnold/Siebert (2006) Seite 165

3. Einsendeaufgabe 3

Nehmen Sie zu der These Stellung, dass angesichts der breiten Verfügbarkeit von Open Content, die Vermittlungsfunktion der Bildungsinstitutionen (auch Erwachsenenbildung und Hochschulen) mehr und mehr in den Hintergrund trete. Erläutern Sie insbesondere, wie die neuen Lernservices, deren Bedeutung gleichzeitig zunimmt, in ihrem Kontext beschaffen sein müssten und wie diese den Überlegungen im Hinblick auf das informelle Lernen, die Konstruktivistische Erwachsenenbildung, die Metakognitive Bildungsarbeit und die Kompetenzorientierung Rechnung zu tragen vermögen.

3.1. Einflussnahme einer breiten Verfügbarkeit von Open Content auf die Vermittlungs-funktion von Bildungsinstitutionen

„Wenn die Content Vermittlung nicht mehr der Trainingsschwerpunkt sein muss, könnten wir uns viel mehr auf die individuelle Unterstützung des Lernenden fokussieren. (...) Wie kann ich den Einzelnen am besten unterstützen, auf seinem eigenen Weg, sich das Thema zu erschließen"?[60]

Die breite Verfügbarkeit von Open Content (aus dem Englischen „Freie Inhalte"[61]) verursacht, dass die Erwachsenenlehre nicht mehr hauptsächlich mit Content-Aufbereitung und –Vermittlung zu tun hat, dafür aber zunehmend mit Unterstützung und Begleitung für die Lernenden.[62]

In Anbetracht der Tatsache, dass das Erwachsenlernen immer weniger in Lernender-Lehrender-Situation, sondern zunehmend selbstorganisiert, eigenverantwortlich und bedürf-nisorientiert geschieht, ist es notwendig, traditionelle Bildungskonzepte mit präzisen Wissenszielen durch den Plan: „(...) die Autonomie der erwachsenen Lerner „ernst" zu nehmen und „Belehrung" durch professionelle Formen der „Begleitung" und „Beratung" (...)"[63] auszutauschen. Parallel ändern sich die Erwartungen der Lerner („Liefer-Erwartung") fundamental, sie benötigen angesichts neuer Kompetenzanforderungen und der breiten Verfügbarkeit und Vielfalt von Open Content zunehmend mehr „Navigationshilfe"[64] statt

---

[60] Pape, K.: „Open Content Academy" – Lerner-Unterstützung pur? Blogbeitrag veröffentlicht am 26.11.2011). (aufgerufen am 19.5.2012) Seite 1, In Arnold, R. (2014): Bausteine der Erwachsenendidaktik. Studienbrief EB 0120. Technische Universität Kaiserslautern, Distance & Independent Studies Center, Kaiserslautern Seite 33
[61] Es existiert keine allgemeingültige Definition zu diesem Begriff. Kreutzer, T. (2016): Open Content – Ein Praxisleitfaden zur Nutzung von Creative-Commons-Lizenzen. Deutsche UNESCO-Kommission (Hrsg.), Bonn, erklärt auf der Seite 15: „Open Contents sind Inhalte, die unter einer freien Lizenz verfügbar sind und frei genutzt und weiterverwendet werden können, wenn bestimmte Bedingungen eingehalten werden. Diese ergeben sich aus dem jeweiligen Lizenztext."
[62] Vgl. Arnold, R. (2014): Bausteine der Erwachsenendidaktik. Studienbrief EB 0120. Technische Universität Kaiserslautern, Distance & Independent Studies Center, Kaiserslautern, Seite 32
[63] Ebenda Seite 35
[64] Vgl. Pape, K., „Navigationshilfe" im Sinne des „Human Computers". „(...) So ein Human Computer hilft beim Herausfinden geeigneter Informations- oder Lernmaterials genauso, wie bei der Herstellung von Experten-Kontakten, wie auch bei der Überwachung der eigenen Kompetenz-Entwicklungsziele im vorher vereinbarten Zeitraum.(...)" Blogbeitrag vom 19.06.2013.

Vermittlungsfunktion. Die Herausforderung, selbstgesteuert zu Lernen in wechselnden Lebenssituationen, verlangt zudem nach neuer Lernkultur, d.h. nach

„Eigeninitiative und Selbstbestimmung der Lernenden, mitmenschliche Kooperation und Lernersolidarität, unmittelbare ermutigende, beratende, anregende professionelle Unterstützung des individuellen und des gemeinsamen Selbstlernens und zupackende Offenheit für Neues und für notwendige Innovationen.(...)",[65]

wie z.B. Begleitung durch den Lerncomputer und E-Mentoren.[66] Die neuen Lernservices sollten imstande sein, die Lerner zu begleiten, indem sie nicht nur helfen, die individuellen Ziele zu setzen, sondern auch alternative Wege dahin vorschlagen können bzw. Auswahlmöglichkeiten je nach Vorbildung, Lerntyp und Lebenssituation zu ermöglichen. Zudem sollten sie Kommunikation, Austausch, Feedback, Reflexion und Strukturierung des Lernweges (Abschnitte, Module, Abschlüsse bzw. Nachweise) anbieten.

In Anbetracht der Tatsache, dass bei Entstehung der neuen Lernservices sich wahrscheinlich die ökonomischen Interessen den „emanzipatorischen" Anliegen entgegen stellen (als Beispiel hierzu kann die historische Entwicklung der sog. Lernzentren in Deutschland dienen)[67], wäre ein Existenzkontext der Selbständigkeit, Überregionalität und Unabhängigkeit der Lernservices m.E. zu favorisieren, um das ganzheitliche, persönlichkeitsfördernde und selbstgesteuerte Lebenslange Lernen zu ermöglichen.

3.2. Mögliche Ausrichtungen neuer Lernservices im Hinblick auf das informelle Lernen, die Konstruktivistische Erwachsenenbildung, die Metakognitive Bildungsarbeit und die Kompetenzorientierung

3.2.1. Lernservices im Hinblick auf das informelle Lernen

„Informell" lernen Menschen unvermittelt in ihrer Lebenswelt und an ihren Arbeitsplätzen, außerhalb spezialisierter Programme und/oder Bildungseinrichtungen. Dieses Potential der „(...) dabei realisierten Suchbewegungen eines informellen Lernens (...)"[68] (optimalerweise synergistisch) in das Lerngeschehen zu integrieren, gehört gewiss zu den Aufgaben der Lernservices. Die neuen technologischen Innovationen eröffnen neue Horizonte bezüglich der Möglichkeiten, z.B. bezüglich der Kommunikation und Kooperation, der Umsetzung.[69]

---

[65] Dohmen, G.(2000): Das informelle Lernen und seine Unterstützung durch kulturelle Initiativen und Bildungszentren. DIE-Expertise.
[66] Vgl. Erpenbeck, J. Sauter, W.(2013): So werden wir lernen! Kompetenzentwicklung in einer Welt fühlender Computer, kluger Wolken und sinnsuchender Netze. Springer Verlag, Heidelberg. In: Hohenstein, A., Wilbers, K. (Hrsg.): Handbuch E-Learning. Expertenwissen aus Wissenschaft und Praxis – Strategien, Instrumente, Fallstudien Seite 3
[67] Vgl. Mai, J. (2004): Pädagogische Konzepte für selbstgesteuertes Lernen – eine qualitative Erhebung zur Lernberatung in Selbstlernzentren. Seite 21
[68] Arnold (2014), Seite 35
[69] Ebenda

3.2.2. Lernservices im Hinblick auf die Konstruktivistische Erwachsenenbildung

„Der Mensch konstruiert seine Welt in der er lebt, selbstreferentiell und autopoietisch, (…)"[70], der Lernende konstruiert demnach, basierend auf dem vorhandenen Wissens- und Erfahrungsschatz, neue Inhalte und Lernergebnisse. Die Lernservices sollen dazu berufen sein, die Ermöglichung dieses autonomen, autarken, Lernprozesses (Erschließung einer eigenen Wahrheit) zu unterstützen. Sie sollen hierfür die notwendigen Voraussetzungen und Arrangements schaffen, denn die Erwachsenen können „(…)ihre Deutungsroutinen und Emotionsmuster sowie die auf ihnen aufruhenden Handlungskompetenzen nur selbst verändern (…)"[71].

3.2.3. Lernservices im Hinblick auf die Metakognitive Bildungsarbeit

Hier können die Lernservices begleitend die Lernfähigkeitssteigerung fördern, indem sie durch metakognitive Trainings, Zugänge zu Inhalten und Kompetenzerwerb schaffen und Problemlösungsstrategien ermöglichen.[72] Metakognitiv relevantes intrapersonales Wissen beinhaltet das „(…) Wissen über das eigene Wissen und Lernen"[73].Durch metakognitives Lernen können Lernroutinen zu Lernstrategien werden, indem Lernende sich gezielt mit ihren bislang bevorzugten Formen der Problemlösung auseinandersetzen, um diese durch ein metakognitives Training anderer – selbstdistanzierender – Formen abzulösen oder zu erweitern.[74] Lernservices können also helfen, Faktoren des Lernerfolges und auch die Lernschwierigkeiten zu reflektieren. Lernende Individuen können dann ihr Lernverhalten nicht nur analysieren, sondern sie „lernen auch, wie man lernt"[75], können schließlich bewusster damit umgehen und eigenverantwortlich(er) gestalten. Eine „(…) bewusste Reflexion anzustoßen (…)" – als Aufgabe der Lernservices kann den Lernerfolg potenzieren.[76]

3.2.4. Lernservices im Hinblick auf die Kompetenzorientierung

„Der moderne Begriff Kompetenz wird seit den sechziger Jahren des 20. Jahrhunderts benutzt, um die selbstorganisierte, kreative Handlungsfähigkeit von Individuen oder kollektiven Subjekten, insbesondere die Kernkompetenzen von Unternehmen und Organi-

---

[70]Gudjons, H. (2003): Pädagogisches Grundwissen. Überblick – Kompendium – Studienbuch. Klinkhardt, Bad Heilbrunn, Seite 47
[71] Arnold (2014) Seite 36
[72] Vgl. Hattie, J. A. C. (2013): Lernen sichtbar machen. Überarbeitete deutschsprachige Ausgabe von "Visible learning", besorgt von Wolfgang Beywl und Klaus Zierer. Baltmannsweiler: Schneider Verlag Hohengehren, Seite 224
[73] Kaiser, R., Kaiser, A. (2012): Das Konzept der Metakognition und seine Anforderungen an Bildungsarbeit. In: Kaiser A, Kaiser R, Hohmann A. (Hrsg.): Metakognitiv fundierte Bildungsarbeit. Bertelsmann, Bielefeld, Seite 58-72
[74] Arnold (2014) Seite 27
[75] Vgl. Arnold (2014) Seite 36
[76] Vgl. Kaiser, R., Kaiser, A. (2012), Seite 58-72

sationen, zu kennzeichnen.(...)"[77]. Nicht nur durch die Informationstechnologie, werden bahnbrechende Veränderungen bezüglich des menschlichen Lernens prognostiziert, wobei die Kompetenzentwicklung als die bedeutendste Aufgabe und die „Zukunft des Lernens"[78] gilt.

Wie können moderne Lernservices Menschen auf dem Weg zur Kompetenzentwicklung unterstützen? Zunächst wird festgehalten, dass für die Kompetenzentwicklung „(...) echte Herausforderungen, die den Lerner nicht nur wissensbezogen, sondern auch emotional fordern (...)"[79] sowie spezifische Lernsysteme mit Netzwerken (Lernpartner und Mentoren) unerlässlich sind. Da Kompetenzaufbau als informeller Prozess eigene Aktivität des Lerners erfordert, müssen hierfür erforderliche Rahmenbedingungen geschaffen werden.

Die von Erpenbeck und Sauter extrapolierten „Merkmale der Lernprozesse auf dem Weg zur Kompetenzentwicklung"[80] lassen die Aufgaben der modernen Lernservices benennen: Hilfestellung bei Feststellung der Lernbedarfe, regelmäßige Kompetenzmessungen und -analyse, Bereitstellung der notwendigen Inhalte sowie der erforderlichen Qualifikationslösungen, Lernbegleitung und Mentoring, flexible Anpassung der Lernprozesse (durch Interaktion Lerner selbst/Lernpartner/Mentor), Hilfestellung bei selbstorganisierten Lernprozessen, bedarfsgerechte Förderung der Kommunikation, Netzwerkbildung, Reflexion von Lernprozessen, Bereitstellung geeigneter Lern-Plattformen sowie Organisation von Events, um „(...) das gemeinsame Wertesystem weiter zu entwickeln, das Lernen in Netzwerken zu ermöglichen und die Motivation für die selbstorganisierten Kompetenzentwicklungsprozesse zu fördern."[81].

---

[77] Erpenbeck, J.(2014): Stichwort: "Kompetenzen". In: DIE Zeitschrift für Erwachsenenbildung Heft 3/2014. #PIAAC, S. 20-21, Bielefeld
[78] Vgl. Erpenbeck, J. Sauter, W.(2013): So werden wir lernen! Kompetenzentwicklung in einer Welt fühlender Computer, kluger Wolken und sinnsuchender Netze. Springer Verlag, Heidelberg. In: Hohenstein, A., Wilbers, K. (Hrsg.): Handbuch E-Learning. Expertenwissen aus Wissenschaft und Praxis – Strategien, Instrumente, Fallstudien Seite 3
[79] Erpenbeck, J., Sauter, W. (2015): Wissen, Werte und Kompetenzen in der Mitarbeiterentwicklung. Ohne Gefühl geht in der Bildung gar nichts. Springer Fachmedien, Wiesbaden, Seite 25
[80] Erpenbeck/Sauter (2013) Seite 21 f.
[81] Ebenda

13

4. Einsendeaufgabe 4

Wo liegen aus Ihrer Sicht die besonderen gesellschaftlichen Zukunftsherausforderungen für die Erwachsenenbildung/Weiterbildung im Lebenslangen Lernen? Benennen Sie dafür Ihre Potenziale.

4.1. Einleitung

Die aktuellen gesellschaftlichen Veränderungsprozesse, wie z.b. die Evolution zur Wissensgesellschaft, Globalisierung, Mediatisierung und demografischen Wandel[82], verlangen den Menschen permanente Anpassungsleistungen ab. Dabei wird der gesamte Bildungsbereich, darunter auch Erwachsenenbildung(EB)/Weiterbildung(WB), einen zunehmend wesentlichen Anteil daran haben, die Menschen dazu zu befähigen, mit den Neuentwicklungen umzugehen.

Denn durch die EB/WB „(…) können persönliche Orientierung, gesellschaftliche Teilhabe und Beschäftigungsfähigkeit erhalten und verbessert werden."[83] EB wird als „Fortsetzung oder Wiederaufnahme organisierten Lernens nach Abschluss einer unterschiedlich ausgedehnten ersten Bildungsphase"[84] und zugleich „Wissenschaft vom – institutionalisierten – Lernen Erwachsener"[85], definiert. Es ist zu betonen, dass nicht nur der Beruf, sondern die gesamte Biografie des Individuums, über alle Lebensphasen hindurch (Kindheit, Jugend, junger Erwachsener, Elterntätigkeit und Altersphasen) von der existentiellen Notwendigkeit des fortwährenden Lernens betroffen ist, weil die Neuentwicklungen immer dynamischer geschehen und stets auch vorher unbekannte Herausforderungen anrücken. Der Mensch passt sich also –sich schnell wandelnder – Umwelt an, gestaltet, muss überleben und oft komplizierte soziale Zusammenhänge managen. Währenddessen lernt er stets dazu: das sog. Lebenslange Lernen (LLL) – also „(…) das kontinuierliche Lernen über den ganzen Lebenslauf hinweg bzw. bildungspolitisch der Aufruf dazu"[86] – findet statt.

---

[82] Vgl. BMBF Broschüre, Bundesministerium für Bildung und Forschung (Hrsg.) (2016): Zukunft der Arbeit. Innovationen für die Arbeit von morgen. Bonn, BMBF. Seite 6
[83] BMBF: Bildung. Lebenslanges Lemen
[84] Vgl. Deutscher Bildungsrat (Hrsg.): Empfehlungen der Bildungskommission. (1970) Seite 197 In: Kade, J., Nittel, D., Seitter, W. (2007)): Einführung in die Erwachsenenbildung, Weiterbildung, Kohlhammer, Stuttgart. Einführung
[85] Kade, J., Nittel, D., Seitter, W. (2007)): Einführung in die Erwachsenenbildung, Weiterbildung, Kohlhammer, Stuttgart
[86] Gieseke, W. (2013): Entwicklung der Erwachsenenbildungswissenschaft. Studienbrief EBO 130. Erwachsenenbildung. Technische Universität Kaiserslautern. Distanceand Independent Studies Center. Glossar Seite IV

4.2. Die besonderen gesellschaftlichen Zukunftsherausforderungen für die Erwachsenenbildung (EB)/Weiterbildung (WB) im Lebenslangen Lernen

Zunächst sind übergeordnet für den gesamten Bildungsbereich geltende, große Themen zu nennen, die in Vergangenheit international bereits oft angesprochen wurden, wie:

„(...) - die Aufgabe, Voraussetzungen dafür zu schaffen, dass offen, flexibel und individuell lebenslang (oder „lebensbegleitend") gelernt werden kann;
- die Aufgabe, organisierte und institutionelle Lehr-Lern-Prozesse mit solchen Lernvorgängen, die individuell, selbstorganisiert und selbstgesteuert vonstattengehen, systematisch zu vernetzen, Zugänge, Übergänge und Anerkennungen (Zertifikate, Akkreditionen) sicherzustellen;
- die Aufgabe, die bislang lebenslaufbezogen abgeschotteten Bildungsinstitutionen (Schule, Weiterbildung etc.) zu einem korrespondierenden System zu entwickeln, in dem sowohl notwendige Kulturtechniken verpflichtend gelernt werden müssen als auch flexible Angebote für Gruppen, Regionen und Inhalte vorgehalten werden. Diese Aufgaben fordern den gesamten Bildungsbereich heraus. Dies betrifft nicht nur die Politik, sondern auch die Wissenschaft."[87]

Überdies besteht die Notwendigkeit der Erforschung der gesellschaftspolitischen, institutionellen und individuellen Facetten des Lebenslangen Lernens (LLL), sowie Erweiterung der Möglichkeiten des Transfers der wissenschaftlichen Erkenntnisse in die Praxis.

Zu den großen Aufgaben der Zukunft gehört auch die Ausbalancierung der Ausrichtung des LLL: Es sollte sich anfänglich auf die selbstbewusste Weiterentwicklung von Menschen richten, doch leider wird es meist nur auf berufliche Ziele angewandt.[88] Das LLL betrifft jedoch das ganze Leben und sollte das ganze Menschenleben betreffen.[89]

Auch in Zukunft ist eine weitere Förderung der Biografieforschung und Erforschung der Lern-Bedarfe und -Bedürfnisse der diversen sozialen Milieugruppierungen im Kontext der jeweiligen Lebensphase (auch Frauen/Männer/Migranten/Senioren) notwendig und eine Ausbalancierung des Feldes – gesellschaftliche Zielsetzungen versus Ziele des Individuums sowie Problematik gesellschaftlicher Anpassung des Menschen versus Freiwilligkeit – anzustreben.[90] Des Weiteren soll zukünftig eine Verbesserung des Zusammenspiels der Lernformen stattfinden, im Sinne einer besseren Ausbalancierung zwischen organisiertem und informellem Lernen. Besonders das informelle Lernen sucht nach Wegen der Integration in die EB/WB. Es bedarf eines stärkeren Eingehens auf die Individualität der Lernenden unter Berücksichtigung der individuellen Charakteristika der jeweiligen Zielgruppenmitglieder wie Lerngewohnheiten, Lernfähigkeiten, Motivation, Bildungsgrad, aktuelle Bildungsbedarfe sowie -Bedürfnisse. Auch der Habitus des Lernenden, seine (Bildungs-)Biografie, sein Alter

---

[87]Nuissl, E. (1998): (Weiter-)Bildungspolitik im nächsten Jahrhundert. In: Faulstich-Wieland, H., Nuissl, E., Siebert, H., Weinberg, J. (Hrsg.) (1998): Report. Literatur und Forschungsreport Weiterbildung. Heft 41/1998: Zukunft der Erwachsenenbildung: Visionen, Utopien, Szenarien. Das Deutsche Institut für Erwachsenenbildung e.V. (DIE), Münster. Seite 58
[88] Ebenda
[89]Vgl. Nuissl, E., Przybylska, E. (2014) "Lebenslanges Lernen" – Geschichte eines bildungspolitischen Konzepts.
[90]Vgl. Gieseke (2013) Seite 11,139

sowie spezifischen Bedarfe, die aus den Life-Timeline-Bedingungen einhergehen, sind zu berücksichtigen. Eine sehr wichtige Zukunftsangelegenheit für die EB/WB im LLL ist unbestritten ein stärkeres Eingehen auf das Prinzip der Freiwilligkeit (Stichwort „zum Lernen verführen") und eine Verbesserung der Informations- und Beratungsleistungen für die potenziellen Teilnehmer EB/WB.[91]

Die genannten Aufgaben können noch um weitere Zielsetzungen, wie z.b. die Vereinheitlichung der Förderrichtlinien[92], ergänzt werden. Darüber hinaus sollte auf eine verstärkte Entwicklung der EB/WB in LLL-Projekte geachtet werden, die ermöglichen, dass das Lernen alle Lebensphasen begleitet und auf vorhandenes Wissen und Erfahrungen aufbaut, hingearbeitet werden. Eine Entgrenzung, dass praktisch überall gelernt werden kann und Förderung der Netzwerke, „lernender Regionen", multilateraler Projekte, Lernpartnerschaften, etc. ist vonnöten.[93]

4.3. Abschließende Betrachtung und Bezug zu den eigenen Potenzialen

Die Notwendigkeit des LLL ist keineswegs neu: Bereits die Philosophen der Antike (wie z.B. Konfuzius, Hippokrates, Platon und beide Seneca[94]) überliefern die Auffassung, dass die Menschen ihr ganzes Leben lang lernend den Veränderungen ihrer Umwelt begegnen. „(...)Man muss so lange lernen, als man unwissend ist – also ein Leben lang(...)"[95]. So gesehen, knüpft das Konzept des LLL nahtlos an die lange Menschheits-Bildungs-Geschichte an. Es ist positiv zu vermerken, dass der Begriff "LLL" mittlerweile ein fester Bestandteil bildungspolitischer Erklärungen wurde: Die Kommission der Europäischen Gemeinschaften hat bereits im Jahr 2000 das Konzept als „Memorandum über Lebenslanges Lernen" festgehalten.[96] Im gleichen Atemzug muss aber eine hohe Anzahl an facettenreichen aktuellen und zukünftigen Herausforderungen genannt werden. Die Wahrscheinlichkeit, dass weitere - auch momentan unbekannte - Herausforderungen hinzukommen werden, ist gegeben, denn die Zukunftsprognosen beruhen auf den Grundannahmen des Ausgangszustandes. Die Auswirkungen einiger Variablen sind nur schwer berechenbar. Diskussionen über das Grundeinkommen beispielsweise zeigen, wie viel Ängste eine Gesellschaftsprognose birgt, „(...) in der Millionen von Menschen aufgrund des

---

[91] Vgl. Gieseke (2013) Seite 69
[92] Vgl. Recht in der Weiterbildung. Projekt: Deutsches Institut für Erwachsenenbildung – Leibniz-Zentrum für Lebenslanges Lernen e.V.
[93] Vgl. Mülheims, K., Rosenstein, H.-G. (2009): Möglichkeiten der europäischen Förderung politischer Bildung im Rahmen des EU-Aktionsprogramms für lebenslanges Lernen (LLP) in Außerschulische Bildung 4-2009; adb Arbeitskreis deutscher Bildungsstätten e.V., Berlin
[94] Lucius Annaeus Seneca, Seneca der Jüngere genannt. Vgl. Fuhrmann M. (1997): Seneca und Kaiser Nero. Eine Biographie. A. Fest, Berlin. S. 299
[95] Ebenda
[96] Vgl. Kommission der Europäischen Gemeinschaften (2000) Memorandum über Lebenslanges Lernen

digitalen Fortschritts keiner geregelten Arbeit nachgehen können.“[97] Falls beispielsweise das Konzept des bedingungslosen Grundeinkommens (der Entkopplung von Arbeit und Einkommen)[98] umgesetzt wird, wird es für viele Arbeitnehmer eine gewaltige Veränderung bedeuten. Für die EB/WB könnte sich hier eine Perspektive eröffnen, die Erschaffung einer neuen (Lern-) Kultur mitzugestalten. Denn „Bildung ist das Anlagevermögen der Zukunft“[99]

Im Hinblick auf meine eigenen Potenziale gegenüber den gesellschaftlichen Zukunftsherausforderungen für die EB/WB im Rahmen des LLL, kann ich zunächst festhalten, dass ich dem Konzept des LLL sehr positiv gegenüberstehe und mich auf die Zukunftsentdeckungen und neue Rollen, wie z. B. die eines „New Learning Architects“[100], freue. Ich sehe das Lernen und Lehren als meinen Lebensinhalt und bin immer gespannt auf zukünftige Innovationen, neue Wissensthemen, Lehrgebiete, Lehrformen, Methoden und diverse Zielgruppen. Als meine Stärke sehe ich zunächst die Fähigkeit, vernetzt und kooperativ zu Denken bzw. zu Arbeiten. Zudem kann ich auch Flexibilität, Empathie, Neugier und Kreativität zu meinen Potentialen zählen. Als meine besondere persönliche Herausforderung sehe ich „(...) das bewusste Ver-Lernen von veralteten Informationen, die in einer veränderten Umwelt zum mentalen Ballast werden.“[101]

---

[97]Precht, R.D.(2018): Wir müssen lernen, angemessen mit Technik umzugehen. Interview für www.swisslife.de Blog.
[98] Vgl. Fischer, U. (2016): Das Bedingungslose Grundeinkommen - Drei Modelle. Bundeszentrale für politische Bildung (bpb)
[99] Ebenda
[100]Shepherd, C.(2011): The New Learning Architect. Kindle Edition, Abruf am 20.12.2018. Klappentext: "The new learning architect is at the vanguard of the next generation of learning and development professionals, taking advantage of the latest tools, technologies and thinking to help organizations meet the acute financial, time and environmental pressures of the 21st century."
[101] Vogel, M. (2015) Warum Industrie 4.0 lebenslanges Lernen (über)lebenswichtig macht. e – commerce Magazin.

Literaturverzeichnis

Arnold, R. (2014): Bausteine der Erwachsenendidaktik. Studienbrief EB 0120. Technische Universität Kaiserslautern, Distance & Independent Studies Center, Kaiserslautern

Arnold, R. (2015): Portraits und Konzeptionen zur Erwachsenenbildung. Studienbrief EB 0110. Technische Universität Kaiserslautern, Distance & Independent Studies Center, Kaiserslautern

Arnold, R., Siebert, H.: Die Verschränkung der Blicke. Ein systemischkonstruktivistischer Briefwechsel. Schneider Verlag. Baltmannsweiler 2006. In: Arnold, R. (2015):Studienbrief EB 0110

Bergmann, B., Eisfeldt, D., Jäger, R., Masuhr, K., Pietrzyk, U., Pohlandt, A., Prescher, C., Richter, F., Schneider, B. (2006): Kompetent für die Wissensgesellschaft. Waxmann Verlag, Münster

Bohl, T.(2008): Wissenschaftliches Arbeiten im Studium der Pädagogik. 3 Auflage, Beltz, Weinheim und Basel.

Busche, H., Heinze, T., Hillebrandt, F., Schäfer, F. (Hrsg.)(2018): Kultur- Interdisziplinäre Zugänge, Springer VS, Wiesbaden

Deutscher Bildungsrat (Hrsg.): Empfehlungen der Bildungskommission. (1970) Seite 197 In: Kade, J., Nittel, D., Seitter, W. (2007)): Einführung in die Erwachsenenbildung, Weiterbildung, Kohlhammer, Stuttgart. Einführung

Erpenbeck, J., Sauter, W. (2015): Wissen, Werte und Kompetenzen in der Mitarbeiterentwicklung. Ohne Gefühl geht in der Bildung gar nichts. Springer Fachmedien, Wiesbaden

Erpenbeck, J., Weinberg, J. (1993): Menschenbild und Menschenbildung. Bildungstheoretische Konsequenzen der unterschiedlichen Menschenbilder in der ehemaligen DDR und der heutigen Bundesrepublik. Waxmann, Münster/New York

Fuhrmann M. (1997): Seneca und Kaiser Nero. Eine Biographie. A. Fest, Berlin. S. 299

Gieseke, W. (2013): Entwicklung der Erwachsenenbildungswissenschaft. Studienbrief EBO 130. Erwachsenenbildung. Technische Universität Kaiserslautern. Distance and Independent Studies Center

Gombrich, E.H. (1995): Die Geschichte der Kunst. Phaidon Press Limited, London

Gudjons, H. (2003): Pädagogisches Grundwissen. Überblick-Kompendium-Studienbuch. Klinkhardt, Bad Heilbrunn

Hattie, J. A. C. (2013): Lernen sichtbar machen. Überarbeitete deutschsprachige Ausgabe von "Visible learning", besorgt von Wolfgang Beywl und Klaus Zierer. Baltmannsweiler: Schneider Verlag Hohengehren

Kade, J., Nittel, D., Seitter, W. (2007): Einführung in die Erwachsenenbildung, Weiterbildung, Kohlhammer, Stuttgart. Seite 11

Kaiser, R., Kaiser, A. (2012): Das Konzept der Metakognition und seine Anforderungen an Bildungsarbeit. In: Kaiser A, Kaiser R, Hohmann A. (Hrsg.): Metakognitiv fundierte Bildungsarbeit. Bertelsmann, Bielefeld, Seite 58-72

Kant, I. (1783/1968): Werke in zehn Bänden. Hrsg. Weischedel, V., Bd. IX, Darmstadt, Seite 53 In: Gudjons, H. (2003): Pädagogisches Grundwissen. Überblick-Kompendium-Studienbuch. Klinkhardt, Bad Heilbrunn

Kant, I. (1785): Grundlegung zur Metaphysik der Sitten. In: Weischedel, W. (2005): Werke in sechs Bänden. Bd. IV. Schriften zur Ethik und Religionsphilosophie. WBG Darmstadt

Kant, I. (1803): Über Pädagogik. In: Weischedel, W. (2005): Werke in sechs Bänden. Bd. VI, Schriften zur Anthropologie, Geschichtsphilosophie, Politik und Pädagogik., WBG Darmstadt

Müller, M., Halder, A. (Hrsg.) (1981): Kleines philosophisches Wörterbuch. Herder. Freiburg, Basel, Wien.

Pongs, H. (1956): Das kleine Lexikon der Weltliteratur. Union Druckerei, Stuttgart

Rousseau, J.-J. (1762): Brief an Beaumont. In: Ritter, H. (Hrsg.) (1978): Schriften in zwei Bänden. Bd I. Carl Hanser Verlag, München/Wien

Schäffer, B., Dömer, O. (Hrsg.)(2012): Handbuch Qualitative Erwachsenen- und Weiterbildungsforschung. Verlag Barbara Budrich.Opladen, Berlin, Toronto

Shepherd, C. (2011): The New Learning Architect. Kindle Edition, Abruf am 20.12.2018. Klappentext: "The new learning architect is at the vanguard of the next generation of learning and development professionals, taking advantage of the latest tools, technologies and thinking to help organisations meet the acute financial, time and environmental pressures of the 21st century."

Schneiders, W. (2014): Das Zeitalter der Aufklärung. C.H. Beck Wissen, München

Schrader, J. (2008): Lerntypen bei Erwachsenen. Empirische Analysen zum Lernen und Lehren in der beruflichen Weiterbildung. 2., ergänzte Auflage. Klinkhardt, Bad Heilbrunn

Internetquellen

BMBF Broschüre, Bundesministerium für Bildung und Forschung (Hrsg.) (2016): Zukunft der Arbeit. Innovationen für die Arbeit von morgen. Bonn, BMBF; Online: https://www.bmbf.de/pub/Zukunft_der_Arbeit.pdf   Abruf am 13.11.2018

BMBF: Bildung. Lebenslanges Lernen https://web.archive.org/web/20080822031749/http://www.bmbf.de/de/411.php Abruf am 13.11.2018

Dohmen, G.(2000): Das informelle Lernen und seine Unterstützung durch kulturelle Initiativen und Bildungszentren. URL: https://www.die-bonn.de/efil/expertisen/dohmen00_11.htm Abruf am 20.12.2018

Erpenbeck, J., Sauter, W.(2013): So werden wir lernen! Kompetenzentwicklung in einer Welt fühlender Computer, kluger Wolken und sinnsuchender Netze. Springer Verlag, Heidelberg. In: Hohenstein, A., Wilbers, K. (Hrsg.): Handbuch E-Learning. Expertenwissen aus Wissenschaft und Praxis – Strategien, Instrumente, Fallstudien Seite 3 http://www.blended-solutions.de/handbuch-e-learning-so-werden-wir-lernen/Abruf am 20.12.2018

Erpenbeck, J.(2014): Stichwort: "Kompetenzen". In: DIE Zeitschrift für Erwachsenenbildung Heft 3/2014. #PIAAC, S. 20-21, Bielefeld Online: https://www.die-bonn.de/zeitschrift/32014/kompetenz-01.pdf Abruf am 20.12.2018

Erpenbeck, J., Sauter, W.(2013): So werden wir lernen! Kompetenzentwicklung in einer Welt fühlender Computer, kluger Wolken und sinnsuchender Netze. Springer Verlag, Heidelberg. In: Hohenstein, A., Wilbers, K. (Hrsg.): Handbuch E-Learning. Expertenwissen aus Wissenschaft und Praxis – Strategien, Instrumente, Fallstudien. Seite 3 http://www.blended-solutions.de/handbuch-e-learning-so-werden-wir-lernen/ Abruf am 20.12.2018

Fischer, U. (2016): Das Bedingungslose Grundeinkommen - Drei Modelle. Bundeszentrale für politische Bildung (bpb).https://www.bpb.de/dialog/netzdebatte/223286/das-bedingungslose-grundeinkommen-drei-modelle Abruf am 20.11.2018

Holzer, D., Gugitscher, K., Straka, Ch. (2017): Wissenschaft und Forschung in der Erwachsenenbildung. Dossier auf www.erwachsenenbildung.athttps://erwachsenenbildung.at/themen/eb-forschung/theorien-methoden-inhalte/wissenschaftstheorien.php Abruf am 20.12.2018

Kommission der Europäischen Gemeinschaften (2000) Memorandum über Lebenslanges Lernen https://www.hrk.de/uploads/tx_szconvention/memode.pdf Abruf am 13.11.2018

Kreutzer, T. (2016): Open Content – Ein Praxisleitfaden zur Nutzung von Creative-Commons-Lizenzen. Deutsche UNESCO-Kommission (Hrsg.), Bonn, https://www.unesco.de/sites/default/files/2018-01/Open_Content_Praxisleitfaden_2.Aufl_._2016-1.pdf Abruf am 28.12.2018

Mai, J. (2004): Pädagogische Konzepte für selbstgesteuertes Lernen – eine qualitative Erhebung zur Lernberatung in Selbstlernzentren. URL: https://www.die-bonn.de/esprid/dokumente/doc-2004/mai04_01.pdfAbruf am 20.12.2018

Mandl, H., Krause, U.-M. (2001). Lernkompetenz für die Wissensgesellschaft (Forschungsbericht Nr. 145). München: Ludwig-Maximilians-Universität, Lehrstuhl für Empirische Pädagogik und Pädagogische Psychologie. URL: www.epub.ub.uni-muenchen.de/253/1/FB_145.pdf Abruf am 01.12.2018 Seite 24

Mülheims, K., Rosenstein, H.-G. (2009): Möglichkeiten der europäischen Förderung politischer Bildung im Rahmen des EU-Aktionsprogramms für lebenslanges Lernen (LLP) in Außerschulische Bildung 4-2009; adb Arbeitskreis deutscher Bildungsstätten e.V., Berlin https://www.adb.de/download/publikationen/ab2009-4.pdf Abruf am 20.12.2018

Nuissl, E. (Hrsg.) 50 Jahre für die Erwachsenenbildung. Das DIE – Werden und Wirken eines wissenschaftlichen Service-Instituts. Bertelsmann, Bielefeld. URL: www.die-bonn.de/doks/2008-geschichte-der-erwachsenenbildung-01.pdf Abruf am 01.12.2018

Nuissl, E. (1998): (Weiter-)Bildungspolitik im nächsten Jahrhundert. In: Faulstich-Wieland, H., Nuissl, E., Siebert, H., Weinberg, J. (Hrsg.) (1998): Report. Literatur und Forschungsreport Weiterbildung. Heft 41/1998: Zukunft der Erwachsenenbildung: Visionen, Utopien, Szenarien. Das Deutsche Institut für Erwachsenenbildung e.V. (DIE), Münster. https://www.die-bonn.de/esprid/dokumente/doc-1998/faulstich-wieland98_01.pdf Abruf am 20.12.2018

Nuissl, E., Przybylska, E. (1994) "Lebenslanges Lernen" – Geschichte eines bildungspolitischen Konzepts. http://www.bpb.de/gesellschaft/bildung/zukunft-bildung/197495/lebenslanges-lernen?p=all Abruf am 13.11.2018

Pape, K. (2013): Blogbeitrag vom 19.06.2013. URL: https://khpape.blog/wordpress/so-werden-wir-lernen/ Abruf am 20.12.2018

Pfeiffer, M. (2018): Was ist die Künstliche Intelligenz? Stand: 02.08.2018, 13:30 Uhr. URL:www.boerse.ard.de/boersenwissen/boersenwissen-fuer-fortgeschrittene/faq-das-ist-kuenstliche-intelligenz100.html Abruf am 05.12.2018

Pongratz, G. (1997): Krise der Aufklärung? Pädagogik zwischen Kritik und neuem Konservativismus, in: Komitee für Grundrechte und Demokratie (Hrsg.): Menschenrechte und Demokratie: Weltweites 'Projekt' oder antiquiert? – Eine Ortsbestimmung, Köln 1997, S. 173-175. In Pongratz, L.: Sammlung TU Darmstadt, tuprints, E-Publishing-Service der TU Darmstadt, Seite 211, URL: http://tuprints.ulb.tu-darmstadt.de/2439/1/Ludwig_Pongratz_-_Sammlung.pdf Abruf am 05.12.2018

Precht, R.D.(2018): Wir müssen lernen, angemessen mit Technik umzugehen. Interview für www.swisslife.de Blog. https://www.swisslife.de/blog/interview-richard-david-precht.html?cid=ps_fb_sl_richardprecht_0096&fbclid=IwAR0UGGHhz-rPTv_-cp6mGn5Lwh3ND3taYBR4R_EEcD7Gd54Oa__W26IMb1Q Abruf am 16.11.2018

Recht in der Weiterbildung. Projekt: Deutsches Institut für Erwachsenenbildung – Leibniz-Zentrum für Lebenslanges Lernen e.V.https://wb-web.de/dossiers/recht-weiterbildung.html Abruf am 13.11.2018

Vogel, M. (2015) Warum Industrie 4.0 lebenslanges Lernen (über)lebenswichtig macht. e –
commerce Magazin. https://www.e-commerce-magazin.de/fachartikel/warum-industrie-40-
lebenslanges-lernen-ueberlebenswichtig-macht Abruf am 27.12.2018

Weinberg, J. (1999): Einführung in das Studium der Erwachsenenbildung. Das Deutsche
Institut für Erwachsenenbildung e.V. (DIE), Seite 33 URL: http://www.die-
bonn.de/esprid/dokumente/doc-1999/weinberg1999_01.pdfAbruf am 01.12.2018

Wirtschaftslexikon Gabler, Springer Fachmedien Wiesbaden GmbH. URL:
https://wirtschaftslexikon.gabler.de/definition/gesellschaft-3Abruf am 01.12.2018